ໝາກໄມ້ບ້ານເຮົາ

ໂດຍ: ສົມພູ ແກ້ວບໍຣະກິດ

Library For All Ltd.

ອົງການ Library For All ແມ່ນອົງການທີ່ບໍ່ຫວັງຜົນກຳໄລ ທີ່ມີພັນທະກິດທີ່ຈະເຮັດໃຫ້ທຸກຄົນ
ສາມາດເຂົ້າເຖິງແຫຼ່ງຄວາມຮູ້ ຜ່ານນະວັດຕະກຳຫ້ອງສະໝຸດດິຈິຕອນ.
ເຂົ້າເບິ່ງລາຍລະອຽດເພີ່ມເຕີມທີ່: libraryforall.org

ໝາກໄມ້ບ້ານເຮົາ

ພິມຄັ້ງທຳອິດ 2020

ຈັດພິມໂດຍ: ອົງການ Library For All
ອີເມວ: info@libraryforall.org
URL: libraryforall.org

ປື້ມພາສາລາວເຫຼັ້ມນີ້ ຖືກສະໜັບສະໜູນໂດຍການຮ່ວມມືຂອງ

ໝາກໄມ້ບ້ານເຮົາ
ສົມພູ ແກ້ວບໍຣະກົດ
ISBN: 978-9932-09-106-5
SKU00921

ໝາກໄມ້ບ້ານເຮົາ

ໝາກໄມ້ເພິ່ນປູກໄວ້ໃຫ້ເຮົາໄດ້ກິນ.
ມີໝາກກ້ຽງ.

ມີໝາກມ່ວງ.

ມີໝາກລຳໄຍ.

ມີໝາກຂາມ.

ມີໝາກຂຽບ.

ມິໝາກຍິມ.

ມີໝາກຖົ່ວລຽນ.

ມີໝາກຮຸ່ງ.

ມີໝາກພ້າວ.

ກິນແລ້ວໄດ້ວິຕາມິນຫຼາຍ.

ຂໍ້ມູນທາງບັນນານຸກົມຂອງຫໍສະໝຸດແຫ່ງຊາດ

ສົມພູ ແກ້ວບໍ່ຣະກິດ
ໝາກໄມ້ບ້ານເຮົາ 1 / ໂດຍ ສົມພູ ແກ້ວບໍ່ຣະກິດ. -- ຄັ້ງທີ່2. -- ວຽງຈັນ : ມັກອ່ານ, 2020
28 ໜ້າ : ພາບປະກອບສີ ; 21 ຊມ
1. ໝາກໄມ້
2. ວັນນະກຳສຳລັບເດັກ
I. ຊື່ເລື່ອງ
634 -- dc21
ISBN 978-9932-09-106-5

เจ้าสามาດใຊ້ຄຳຖາມດັ່ງລຸ່ມນີ້ເພື່ອ
ສົນທະນາກ່ຽວກັບເລື່ອງທີ່ອ່ານກັບ ຄອບຄົວ,
ໝູ່ ແລະ ຄູອາຈານ.

ເຈົ້າໄດ້ຮຽນຮູ້ຫຍັງຈາກເລື່ອງນີ້?

ຈົ່ງອະທິບາຍເລື່ອງນີ້ ໂດຍໃຊ້ຄຳບັນຍາຍ
1ຄຳ. ຕະຫຼົກ? ຢ້ານ? ມີສີສັນ? ໜ້າສົນໃຈ?

ເມື່ອອ່ານຈົບແລ້ວ,
ເລື່ອງນີ້ໃຫ້ຄວາມຮູ້ສຶກຫຍັງແດ່?

ໃນເລື່ອງນີ້, ເຈົ້າມັກສິ່ງໃດຫຼາຍທີ່ສຸດ?

ດາວໂລດແອັບ
getlibraryforall.org

ກ່ຽວກັບຜູ້ປະກອບສ່ວນ

Library For All ເຮັດວຽກຮ່ວມມືກັບນັກຂຽນ ແລະ ນັກແຕ້ມທົ່ວ ໂລກເພື່ອສ້າງເລື່ອງທີ່ຫຼາກຫຼາຍ, ມີຄຸນນະພາບສູງໃຫ້ກັບຜູ້ອ່ານໂຕນ້ອຍ. ທຸກຄົນສາມາດເຂົ້າໄປ ເວັບໄຊ libraryforall.org ເພື່ອຮູ້ຂ່າວຫຼ້າສຸດ ກ່ຽວກັບກິດຈະກຳຝຶກອົບຮົມນັກຂຽນ, ຄູ່ມືຕ່າງໆ ແລະ ໂອກາດສ້າງສັນອື່ນໆ.

ປື້ມທີ່ວນີ້ມ່ວນບໍ່?

ພວກເຮົາມີປື້ມຫຼາຍຮ້ອຍຫົວໃຫ້ເລືອກອ່ານ.

ພວກເຮົາຮ່ວມມືກັບນັກຂຽນ, ຊ່ຽວຊານດ້ານການສຶກສາ, ທີ່ປຶກສາທາງດ້ານວັດທະນະທໍາ, ລັດຖະບານ ແລະ ອົງກອນທີ່ບໍ່ຂື້ນກັບລັດຖະບານ ເພື່ອນໍາຄວາມເພີດເພີນ ໃນການອ່ານໃຫ້ກັບເດັກນ້ອຍທົ່ວທຸກແຫ່ງ.

ຮູ້ບໍ່?

ພວກເຮົາສ້າງການປ່ຽນແປງທີ່ດີໃນຂົງເຂດນີ້ ໂດຍປະຕິບັດ ເປົ້າໝາຍການພັດທະນາແບບຍືນຍົງຂອງສະຫະປະຊາຊາດ.

libraryforall.org

www.ingramcontent.com/pod-product-compliance
Lightning Source LLC
LaVergne TN
LVHW051934220826
846093LV00012B/515

* 9 7 8 9 9 3 2 0 9 1 0 6 5 *